ANIMALES SUELTOS

ANIMALES SUELTOS

Lady Distopía

ESPASA ᴇꜱPOESÍA

ESPASAesPOESÍA

© Almudena Montero, 2024
© Editorial Planeta, S. A., 2024
Espasa, sello editorial
de Editorial Planeta, S. A.

Primera edición: septiembre de 2024

Preimpresión: MT Color & Diseño, S. L.

Depósito legal: B. 11.788-2024
ISBN: 978-84-670-7369-0

Espasa, en su deseo de mejorar sus publicaciones, agradecerá
cualquier sugerencia que los lectores hagan al departamento
editorial por correo electrónico: sugerencias@espasa.es

www.espasa.com
www.planetadelibros.com

Impreso en España / *Printed in Spain*
Impresión: Liberduplex

Editorial Planeta, S. A.
Avda. Diagonal, 662-664
08034 Barcelona

A mi madre, a la que echo de menos cada día que pasa,
mientras me voy convirtiendo poco a poco en ella.

A mi padre, la mejor persona del mundo,
al que echo de menos cada día que pasa.

A mí, por darle la vuelta a todo.

La cabeza volando
lejos, muy alto
los pies siempre colgando

Miranda Ripoll, traductora de inglés y portugués, descubrió durante una mañana de playa que los lunares de la espalda de su marido no estaban colocados al azar, sino que formaban un texto en braille que cambiaba cada día, coincidiendo con su horóscopo diario del periódico local.

TAL DÍA COMO HOY EN 1942, la vida de las gemelas Libia y Sicilia Cacciatore, de nueve años, cambió radicalmente cuando se les cayó a la fuente el libro que habían escrito entre las dos, quedando destrozado.

Pasaron horas intentado pescarlo.

Por fin lo consiguieron. Entonces lo pusieron a secar al sol hasta que quedó casi nuevo, aunque algo crujiente.

Desde entonces decidieron convertirse en rescatadoras de libros ahogados y hacer de ello su profesión.

CONSTANZA GLÜCK, BIÓLOGA Y DETECTIVE PRIVADO especializada en misiones acuáticas, ya con siete años era capaz de pasar desapercibida, tanto en aguas tranquilas como en tormentas tropicales, monzones o arenas movedizas.

Siempre de incógnito, conseguía resolver misterios y descubrir a saboteadores y ladrones de bancos de corales, sin la necesidad de tener que salir de su cuarto.

CUANDO AQUELLA MAÑANA SE LEVANTÓ una tormenta de viento, Carlota Woodbench era tan consciente de su pequeño tamaño, que se fiaba más de aquel árbol que de su propio peso.

Y si la tempestad se lo llevaba por delante, prefería volar agarrada a él.

Había aprendido a pedir ayuda, a mostrarse vulnerable y a que valiente no es la que no tiene miedo, sino la que lo tiene y lo vence.

CADA VEZ QUE ENCARNA LEIKOVSKY SE SENTÍA mínima-
mente feliz, lo primero que le venía a la cabeza era
siempre aquella misma certeza: «Me moriría ahora
mismo aquí».

ROXANNE CULPEPPER MADRUGABA CADA MAÑANA para conducir hasta la carretera menos transitada del estado de Utah, y allí se tumbaba en pleno asfalto a la espera de que pasara algún coche que la atropellara y pusiera fin a esa vida sin sentido y sin esperanza de la que se quería desenganchar. Pero como por allí no pasaba nadie, pronto fue cogiéndole apego a la vida, a tumbarse en mitad del asfalto para meditar sobre su futuro, y a ponerse morena.

A Adela y Covadonga Destello Clark les gustaba disfrutar de la vida sin estridencias, con contención. Quedaban cada tarde para pasar un rato agradable sin hacer nada, observando en silencio un punto indeterminado en el horizonte que después comentaban, intentando con todas sus fuerzas no sentir ninguna emoción.

Alcaparra Nixon relacionaba leer con estudiar, porque la obligaban a hacerlo en el colegio con libros que nada tenían que ver con ella. Pero un día su madre le dijo: «No, leer es un placer. Si un libro no te gusta, ciérralo y empieza otro». Y entonces descubrió que existían los que hablaban de ella, con personajes que sentían como ella.

Cada vez que esto ocurría, necesitaba algo donde apoyarse.

Los componentes de la Disperso Brown Jazz Band, de la que Babieca Mae Bishop era vocalista, recorrían con su música las calles de Chloride en Arizona, pero su paciencia tenía un límite. Cuando se sentían silenciados por el ruido de los camiones, pasaban de su habitual candor a sembrar el terror mediante chillonas cumbias desafinadas.

Aquella mañana, el profesor sacó a Linaza Gin a la pizarra a leer su relato en voz alta. Trataba sobre un grupo de alienígenas que viajaba por el espacio hasta que por fin encontraban un planeta que les gustó, ya que el clima era ideal, estaba cubierto de vegetación y repleto de animales. Así que empezaron a cavar, talar y podar, para hacerse un hueco en el que poder construir. Después empezaron a probar todos los frutos que caían de los árboles. Cuando terminaron con estos, a cazar. Hasta que lo devoraron todo. Entonces tuvieron que comerse los unos a los otros y, en este punto del relato, el profesor la interrumpió. Y tras un largo silencio, la expulsó de la clase.

En los años treinta, saltar a la comba era un juego tan popular, que un estudio realizado por una prestigiosa universidad afirmaba que el ochenta y cinco por ciento de la población, los fines de semana, pasaba más tiempo en el aire que con los pies en el suelo, así que muchos caminos se dejaron sin asfaltar.

Cada vez que Dora Lester llegaba con su padre a la parada de autobús, le entraban unos nervios increíbles. Para ella siempre era una aventura.

No podía esperar el momento de subirse y observar al conductor.

Quería saber si, por fin, descubría cómo aquel hombre a quien nadie se dirigía podía saber a dónde querían ir todos.

AL CAER LA TARDE, DASHA KUZNETSOVA SE SENTABA EN EL PATIO a observar el movimiento del corral y a escuchar, imaginándose las conversaciones que mantenían las aves. Algunas parecían charlar tranquilamente sobre temas insustanciales, mientras las hembras mayores arreglaban el mundo.

Siempre me han gustado las espirales,
son círculos que no mienten.

ECHABA TANTO DE MENOS A SU MARIDO, fallecido hacía ya años en el pesquero en el que salía a faenar, que aún soñaba con verle aparecer por el horizonte. Y por las tardes, tendía la ropa fuera a secar con la brisa del mar, y así, al llegar la noche, dormir abrazada a su olor.

Harta de recibir ánimos a partir de frases vacías que no servían más que para tapar silencios, cansada de leer páginas repletas de tópicos que nada tenían que ver con ella y de finales absurdamente felices en los libros que le prestaban, Langosta Yung decidió que como mejor estaba era sentada en un rincón con mucha luz, haciéndose un rato el helecho.

Los helados del señor Spiropoulos eran famosos en toda Grecia y muy reclamados, no solo por su intenso sabor, sino por lo complicado que eran de conseguir, ya que el hombre recorría kilómetros con su carro ambulante, apareciendo sin avisar en mercados de cualquier rincón del país.

Hemoglobina Splitz era experta en caminar por la sombra los días de verano de calor intenso, y en sus ratos libres disfrutaba creando escondites entre macizos de flores silvestres y no tanto.

En el fondo, era su manera de reivindicarse distinta, diversa, contenta, y muy fresquita.

Cada mañana, Guido, Basilio y Filipo Mesina se acercaban a las alcantarillas de su barrio para desear los buenos días a los que vivían allí abajo.

Nunca los habían visto, nadie les había hablado jamás de ellos, pero estaban convencidos, no solo de su existencia, sino de que muy pronto contestarían.

Y entonces, ese día, todo empezaría.

El señor Glups se había quedado viudo hacía muchos años y solo habían pasado dos desde que se había jubilado. Las noches se le hacían largas y los días eternos. Hasta que una mañana apareció Hugo, un simpático dachshund que empezó a visitarlo siempre a la misma hora. Al principio le daba comida y, cuando terminaba con ella, el animal se iba. Glups no sabía de quién era el perro, pero sus días comenzaron a girar en torno a él y se distraía planeando menús bajos en grasa, porque, con el tiempo, se dio cuenta de que las sobras que le guardaba no le sentaban muy allá.

A Desdémona Esperanto le habían prohibido an-
dar con tijeras, así que las utilizaba todo el tiempo.

Mientras los demás niños jugaban a lo de siem-
pre, ella aprovechaba los ratos libres para cortar pape-
les, telas, pelos, plumas, haces de luces y reflejos en
las paredes, techos y espejos.

Casiopea y Cloro Benavides, dos hermanos de ocho y nueve años respectivamente, se despertaron una mañana en una ciudad vacía, seca, fría y silenciosa.

No quedaba nadie más.

Solo las palomas, a las afueras tumbas vacías, en el centro estatuas huecas y, en todos lados, una anormal tranquilidad.

MAGMA LUXEMBURGO LE TENÍA VERDADERO PÁNICO a la ducha. Era escuchar un chorro y empezar a temblar.

Así que aprendió a dosificarse a la hora de lavarse para sobrevivir.

Lo hacía por partes.

Y desde entonces, mantiene la misma política para todo lo demás.

Amianto Pisuerga descubrió muy pronto que todo era cuestión de perspectiva. Que cualquier monstruo gigantesco le podía caber entre dos dedos de una mano, la pesadilla más angustiosa no lo era tanto con la luz encendida, y nadie le mordería las orejas si se las tapaba con la sábana adecuada.

Todos los días a la misma hora y en el mismo rincón del patio del colegio, Dalia Vera y Eva Cala se chocaban. Daba igual lo que estuvieran haciendo. Al principio no se conocían de nada, pero después de tanto roce se hicieron muy amigas, aunque lo único que compartían era el gusto por aquellos breves momentos.

Alcayata Lowe era la pequeña y única niña de varios hermanos y primos. Esto significaba que no estaba autorizada a participar en sus juegos, con lo que pasaba la mayor parte del tiempo sola. Y tan contenta. Tanto que, con el tiempo, fueron ellos los que intentaron entrar a participar en su mundo.

Dinamita Lombarda llevaba una doble vida. Con gente delante, actuaba como una niña obediente, educada, callada y sumisa. Pero era tan lista que prefería mantenerse desobediente, curiosa, risueña y valiente solo en la intimidad. Cuando sus padres lo descubrieron, la quisieron aún más.

CADA VEZ QUE CASIOPEA BENAVIDES SE ENFRENTABA A AQUELLA MÁQUINA expendedora de chicles y esperaba a que cayera uno por azar, en el fondo deseaba que también apareciera un papelito que decidiera por ella qué hacer con su vida.

Un cuerpo en construcción
y una batidora
dentro de la cabeza

En 1963 abrió sus puertas la Gran Residencia de Verano Cuadrada para Niños Estáticos que Prefieren No Pensar en Nada. No aparece en los mapas para evitar ensoñaciones innecesarias, y no se puede entrar en ella sin haber salido antes.

Por lo demás, está abierta a cualquiera.

HALIT TATLITUĞ, UN ARTESANO DE ESTAMBUL CON UN TALLER DE CALZADO, escribía relatos que escondía dentro de las babuchas que vendía. Después, sus clientes, sin saber nada, acudían a la mezquita dejando los zapatos fuera, y los niños de la calle corrían a por ellos para leer sus textos.

EN MASSACHUSSETS AÚN HAY QUIEN TIENE PESADILLAS al recordar a la banda de crimen organizado The Hungry Kids. Un grupo de niños de entre cuatro y siete años que sembraron el terror en los cincuenta con sus métodos violentos, con el fin de socializar las fábricas de juguetes, disfraces y gominolas.

Liudmila Tolstaia, nacida en Kiev en 1902, es la autora del manifiesto *Mujeres rusas que leen al solecito,* publicado en la URSS en 1952. Vivió una vida plena y falleció en Cuba a la edad de 102 años. Su longevidad siempre ha sido achacada a su buen gusto literario.

SOLO SE CONSERVA UNA RARA IMAGEN que nadie sabe dónde encontrar del primer concierto que ofrecieron las hermanas Ronronette cuando ya eran mundialmente conocidas.

Dos años después, dejarían la música experimental para renovar el jazz, atracar gasolineras y revolucionar la cumbia mezclándola con sonidos de Madagascar.

Desde siempre, todos los días a las 19 h, el pueblo de Dhanushkodi, en India, se paraliza ya que todos sus habitantes acuden a la playa a sentarse en la arena y observar en silencio el atardecer. Para ellos, nada hay más importante.

Los turistas, sin embargo, prefieren sentarse en sillas.

A LOS BELGAS MAARTEN Y VEYSEL LES CAYÓ UN NIÑO DEL CIELO, y desde entonces acuden cada martes al mismo lugar para intentar devolverlo.

Con el tiempo, las autoridades locales prohibieron la entrada en ese lugar, para evitar que todos los habitantes trataran de regresar a sus hijos.

8746-RC nunca se alejaba de su hermana Grace, que padecía del síndrome de «ilusión fluorescente», trastorno psiquiátrico de las personas convencidas de que brillan en la oscuridad.

Cada noche ella salía a recorrer la ciudad, y él la seguía de cerca para que nadie chocara con la joven.

LA MAYORÍA DE LAS ACLAMADAS NOVELAS de los hermanos Hofwegen estaban basadas en las cartas que interceptaban por los buzones de todo el vecindario.

Recorrían las calles, robaban el correo de sus vecinos y, tras leerlo, lo volvían a meter en el buzón, para evitar cambiar el curso de otras vidas.

Los alumnos del internado del Royal College de Deerfield, Inglaterra, se pasaban las horas del recreo midiendo la longitud, peso y temperatura de todos los elementos que componían el edificio.

Después, ponían en común y en secreto estos datos para dar con la forma de derribarlo.

EL CARTERO ORLANDO LIMA NO NECESITABA LEER las direcciones de las cartas que tenía que entregar, con olerlas le bastaba. También su olfato le permitía saber si traían malas o buenas noticias, el estado de salud del remitente, si las escribió en pijama y su capacidad pulmonar.

Enriqueta y Adolfo Soares reunieron a toda la familia para descasarse. Para desenlazarse matrimonialmente. Eligieron un paraje especial para celebrar el comienzo de sus nuevas vidas: la carretera en la que mantuvieron su última bronca. Y, sin mirarse a los ojos, se dieron el no.

Cada vez que Gladys Pearl Baker tenía un mal día, se iba al parking del centro comercial abandonado de su barrio a hacer prácticas de tiro con su revólver imaginario.

Eso sí, disparaba apuntando a su sombra.

Para cambiar la rutina que tenía instalada en su cabeza de disparar siempre hacia dentro.

SVETLANA Y YELIZAVETA KOZLOV CREARON EN 1973 UN LENGUAJE CON LA ROPA tendida que pronto aprendió todo el vecindario. Así, en los días de mucho frío, si no les apetecía bajar a la calle, podían comentar qué tal el trabajo, si les había quedado rico el *goulash*, o si le faltaba sal.

Rododendro Marx pasó media vida guardando semillas y esquejes de plantas exóticas que fue encontrando en sus viajes a selvas tropicales. Al regresar a Alaska, tuvo que construir una casita de cristal para que estas sobrevivieran, ya que procedían de climas cálidos. Así inventó, sin darse cuenta, los invernaderos.

Las hermanas Pinaud, de cuatro y siete años, investigaron durante años qué hay detrás del arte contemporáneo. Así, a lo bestia, sin acotar. Encontraron algunas respuestas sorprendentes e insospechadas que reunieron en un ensayo, pero este se echó a perder al caerse dentro de una obra de Marcel Duchamp.

Sara es la única soltera de todos sus amigos. Ninguno de ellos le cuenta a su pareja cuando quedan. Unos por ahorrarse explicaciones y otras por lo mismo. Antes a ella esto le daba igual. Pero ahora ya no. Ahora Sara está harta de formar parte de la vida secreta de tanta gente.

Estar destartalada
y no encontrar
tu hueco en el mundo

Adèle Dugès y su hermano Arnaud recopilaban las diapositivas que al cabo del año nadie recogía de su laboratorio fotográfico, y durante las cenas familiares de Navidad disfrutaban viéndolas, tratando de imaginar cómo serían todas aquellas vidas y por qué nunca las volvieron a reclamar.

En 1971, un grupo de alumnas de la Facultad de Arquitectura de Düsseldorf consiguió demostrar que, si se instalaban columpios en los que pararse un rato a balancearse y pensar, sus proyectos adquirían un carácter más funcional y estaban mejor orientados para vivir en comunidad.

Laura y Scott Johanssonn pasaron a la historia como los timadores más precoces de Nueva Inglaterra cuando, a la edad de cuatro años, se hicieron millonarios engañando a multinacionales a través de bromas desde teléfonos públicos. Con sus ganancias crearon una red de colegios gratuitos.

Mary Quilp fue pionera en urbanismo. Desde su balcón, observaba la geografía urbana de su barrio en Shaftesbury para después proponer soluciones para la ciudad. Inventó la «jardinería de guerrilla», colocando elementos verdes en nuevos espacios o donde no estaba permitido.

Según un estudio publicado por la Universidad de Wieliczka en 1972, los vecinos que viven en corralas tienen mayor esperanza de vida debido a su alto nivel de creatividad y sociabilidad; además el intercambio de potajes, guisos y sillas, incrementa su alegría y sus ganas de vivir.

CLARISE COTSWOLD RECORRÍA EL CONDADO de Cheshire con su biblioteca móvil. Aunque no tenía libros infantiles, descubrió que a los niños de la zona les interesaban los autores ingleses clásicos, con lo que tuvo que colocar estos más abajo para que los pequeños los pudieran alcanzar.

La anciana señora Brown,
nada más llegar a cualquier sitio,
ya se estaba yendo a la francesa.
Desde hacía mucho tiempo.
Porque a sus 98 años,
ya estaba bien de perder a seres queridos.
Demasiadas despedidas para solo una vida.

EWA SIKOV, UNA JOVEN POLACA QUE LLEVABA meses sin encontrar trabajo, cada tarde bebía y bebía para que el día terminara cuanto antes y sin ella.

Entonces soñaba que viajaba a París y despertaba a orillas del Sena, incapaz de acordarse de lo que había ocurrido la noche anterior, y con la certeza de que mañana le iba a ocurrir lo mismo.

Y así, media vida.

Sara Lou y Martha Leight se enamoraron cuando todo era pecado. Crecieron juntas queriéndose a escondidas y se casaron cuando estaba prohibido. Se hablaban entre risas, caricias y susurros, en bancos de parques con estanque, situados en lugares que a nadie se le habían ocurrido antes.

En 1952, en Brooklyn se puso en marcha una orde-nanza municipal que prohibía tender la ropa fuera de los edificios por cuestiones estéticas. Los vecinos, en señal de protesta y ante la estrechez de sus casas, respondieron con tal rotundidad que todas sus calles quedaron en sombra, con los edificios unidos por sábanas, pantalones, camisas y pijamas. Aquel resultado se convirtió en seña de identidad del barrio.

Quedan pocos minutos para que la Biblioteca de las Grandes Obras de la Literatura que Jamás Fueron Publicadas sea demolida. La mayoría de sus libros estaban escritos por mujeres y rechazados por hombres. En su lugar ya no quedará nada. Ni la carretera de acceso, ni la niebla que la cubre, ni su recuerdo.

Valentina y Samuel Román, siempre que se iban de vacaciones, se enviaban el uno al otro una postal.

Aunque viajaran juntos.

Así, al regresar, se encontraban en el buzón con un bonito recuerdo que incluía un breve texto con la mirada del otro sobre el mismo lugar.

A Loretta Lavanda, como presidenta de la Asociación Nacional en Defensa de los Parques Públicos, le horrorizaba cómo quedaban estos tras los actos políticos. Así, cada mañana echaba un vistazo al periódico en busca de alguno y después acudía para no escucharlo, en señal de boicot.

Rosario Cuesta soñaba con que su vida cambiase. No sabía cómo ni hacia dónde tirar. Pero todas sus pequeñas rutinas le provocaban una angustia que solo conseguía reparar cuando cambiaba el viento. Por ello, cada vez que veía que la ropa tendida volaba en otra dirección, sonreía esperanzada.

Tres mujeres que se conocían desde hacía años. Que trabajaban en distintas fábricas, todas muy cercanas. Que coincidían a la hora de comer. Que se conocían tanto que, para ellas, eran amigas, primas, vecinas…, todo a la vez. Que se lo contaban todo. Y lo más difícil, que también disfrutaban compartiendo silencios.

ALONSO ABEDUL REGRESABA CADA MAÑANA al barrio en el que transcurrió su infancia, donde ya no existía nada de lo que él conociera. Observaba los muros en busca de algún recuerdo. Cuando lo encontraba, que no era a menudo, le ponía un marco para que en su próxima visita le fuera más fácil de localizar.

Aurora Rialto llevaba años lanzando monedas al pozo de los deseos. Hasta que un día se hartó de regresar a casa y descubrir que ninguno se hacía realidad. Así que cogió una escalera, recuperó todo su dinero, pidió el divorcio y se largó a vivir con unas amigas a un país tropical.

Margaida Magalhães vivía con su perro Pessoa en el barrio del Chiado en Lisboa. Disfrutaba asomada a su balcón viendo a la gente pasar. Se imaginaba sus vidas: casi todos pintores, escritoras, bailarines, brujas y magos. Entonces se preguntaba qué vida le inventarían a ella.

NADENKA ZÁITSEV, PROFESORA DE PRIMARIA, se llevaba una vez al mes a sus alumnos a recorrer el mundo. Salían por la mañana y regresaban al anochecer. A veces no les daba más que para llegar al lago Teletskoye, situado a pocos kilómetros, pero les ocurrían tantas cosas por el camino que un solo día lo convertían en cien.

AZALEA GOLDMAN SIEMPRE TUVO LA SENSACIÓN DE SER un personaje secundario dentro de su propia vida. Como si esta avanzara mucho más deprisa que ella, tanto que no se daba ni cuenta. Su cuerpo a veces estaba a la altura, pero no su cabeza. Así que un día decidió hacer las maletas e ir a conocer a la protagonista.

Desdémona Holms sufría el Síndrome de Tantos A Escribir O Una Sola A Leer, una extraña enfermedad padecida por millones de personas que provoca hipo, falta de concentración y de espacio. Se supera respirando hondo y abriendo el libro que se tenga más a mano por la primera página.

A Annunziata Negri, piloto de profesión, le provocaba tanta tristeza tener que aterrizar y volver a la realidad, que un día le prendió fuego a su avioneta para poder continuar. Pero echaba tanto de menos verlo todo desde el cielo que cada tarde, al salir del trabajo, se tumbaba a mirarla y recordar.

LAS HERMANAS ESTEPA, MIRLO Y SILENCIO ESTABAN TAN HARTAS de llevar una vida agotadora, rutinaria y gris, que un día lo dejaron todo para viajar por el mundo en busca de estampados orientales para cubrir paredes y muebles. Al regresar, montaron un negocio para decorar la realidad.

EL PERRO DE LOS POU, UN PODENCO EXTREMADAMENTE INTELIGENTE, se pasaba las horas encerrado en casa observando por la ventana de aquel octavo piso el movimiento de gente diminuta que subía y bajaba y que, según las horas, se alargaba o encogía. Hasta que llegaba la noche y desaparecía.

Tulipán Wallace descubrió que el movimiento de los labios de Azalea Maslow no se correspondía con las palabras que salían de su boca. Así que pasó meses aprendiendo a leerlos para descubrir qué era lo que realmente le quería contar su amiga.

EL VIERNES ERA EL PEOR DÍA PARA MIRNA STERN. Llegaba a él con la cabeza llena de trampas, de ruido, de planes que no le apetecían, y lo único que veía delante eran horas eternas que no sabía cómo llenar. No sabía cómo apagarse sin producir, sin consumir, sin pensar. Ella solo quería descansar.

EIDER LOK SE PASABA LAS HORAS OBSERVANDO la activi-
dad en el edificio de enfrente mientras se curaba de
una lesión de cuello. Y tras meses de análisis, llegó a
la conclusión de que en todos los pisos trabajaba la
misma mujer, que tendía la colada en clave. Estaba
pidiendo auxilio.

Aloe Vergara se despertó una mañana incapaz de salir de la cama y de parar de llorar. Entonces se dio cuenta de que tenía suficiente ahorrado para poder dejarlo todo y cuidarse. Para pensar en ella, para reconstruirse por dentro.

Lo que debería ser normal, la capacidad de poder parar, la convertía en una privilegiada.

Los lunes por la mañana, Fedora se subía a tomar café con Larissa del 4º C y comentaban las noticias de la radio, mientras imaginaban cómo asesinar a algunos personajes del pasado. Era su forma de afrontar la semana con buen humor y aliviar tensiones, sin necesidad de tomar la medicación.

Una tarde soleada de 1972, aprovechando aquella temperatura tan agradable que hacía en la ciudad de Győr, los vecinos sacaron sus mesas y sillas a la calle para que, todo aquel que quisiera sentarse, pudiera hacerlo sin la necesidad de tener que gastarse el dinero en una consumición.

Mi abuela Casiopea se enamoró de Casandra en una playa de Honolulu. Se casaron por un rito ancestral la primera noche con luna menguante y marea alta del mes de febrero, como el resto de las mujeres de mi familia. El aquelarre posterior se celebró en las inmediaciones de un bosque a varios kilómetros de la costa.

TREMENDO COLERIDGE SUFRÍA DE TENSIÓN BAJA, así que decidió empezar a leer la prensa cada mañana. Pronto descubrió que la del día era una medida demasiado radical y siguió probando, hasta que por fin dio con la dosis adecuada: la prensa de la semana anterior.

Repentina Po decidió ponerse el vestido que tanto le gustaba pero que estaba sin estrenar, colocar la hamaca entre sol y sombra, y tumbarse a leer a su autora favorita. Pero aquel plan perfecto se le hizo insoportable.

Terracota Bishop se escapaba a la estación central a la hora de comer, para observar desde el cristal de espejos el movimiento de los viajeros, como una película muda rodada al ritmo de las voces y los trenes que la rodeaban.

Aquella posición de lejanía siempre la aliviaba.

Tapioca y Lino Dufour se enamoraron al nacer y tras el primer biberón huyeron juntos. Ella le enseñó a él a leer y él a ella a olvidar. Y con el tiempo entendieron que habían encontrado el secreto de la felicidad: eran capaces de leer varias veces el mismo libro por primera vez.

Cada vez que Aldo Salerno jugaba al escondite y le tocaba contar hasta diez, en el fondo lo que deseaba no era descubrir el escondite de su hermano, sino que, al abrir los ojos, el mundo que él conocía hubiera desaparecido para encontrarse en uno nuevo con todo por aprender.

Ludmila Bradowiec visitaba la tumba de Rubrick cada semana. Aquel perro había sido su compañero inseparable durante dieciséis años. Y cuando el animal murió, no sabía ni por dónde empezar a aprender a vivir sin su mirada constante. Había olvidado hasta cómo se camina sola por la calle.

NEMO NECESITABA AYUDA PARA BAJAR LAS ESCALERAS DEL COLE y Marco para subirlas. Iban a distinto curso y sus padres no se llevaban bien, así que quedaban en secreto para ayudarse el uno al otro, mientras escuchaban en casa cómo les aleccionaban sobre lo buenas personas que de mayores tenían que llegar a ser.

AL ALCALDE DE BARFLEUR LE TOCÓ POR SORTEO VIVIR una temporada en la Estación Espacial Internacional. Antes de partir, rogó a sus vecinos que mantuvieran el contacto con él juntándose un rato en la plaza central para mirar al cielo. Le despidieron con ilusión y jamás cumplieron.

EDNA LAN SUFRÍA UNA DEPRESIÓN QUE LE IMPEDÍA salir de la cama. Cada mañana elaboraba una lista de las cosas que quería hacer, pero su enfermedad se las desmontaba una por una con un montón de miedos. Como el de salir a pasear por un parque vacío. Así que ese día se vistió de hombre y lo hizo.

Tal día como hoy en 1964, Contemplación Harrington ideó en su estudio cómo mantenerse a flote tras su divorcio. Puso en marcha un Taller Creativo para asesinar en serie de forma diferente. No mató a nadie pero aportó grandes ideas a la literatura de terror del siglo xx.

A Pensacola DeVoe le gustaba leer las cartas de amor que le enviaba su marido imaginario desde un país asiático distinto una vez al mes, sentada en la puerta del banco para que el gerente supiera que no iba a destruir su matrimonio por un oficinista que no viajaba ni en sueños.

DARÍO RITTS SE APUNTÓ A UN CURSILLO PARA APRENDER A VOLAR. Pasaban los días y su frustración iba en aumento debido a unas expectativas demasiado altas, sin tener en cuenta que aquello estaba mejorando enormemente su capacidad pulmonar y sus ganas de mantener los pies en el suelo.

EL PRIMER DÍA DE LA TEMPORADA OTOÑO-INVIERNO DE 1952, unas galerías comerciales del centro de Londres empezaron a vender disfraces para niño de malversador de fondos, experto en blanqueo de capitales y apropiación indebida. El éxito fue enorme. Excepto en los barrios de los ricos, donde empezaron a lloverles acusaciones de plagio y estafa.

CADA TARDE, A LA SALIDA DEL COLEGIO, AMARANTA EVANESCENZA echaba a correr por las calles del centro de Nápoles, atravesando mercados y callejuelas, para alargar el recorrido y percibir la mayor cantidad de sonidos y olores que luego le servían para escribir relatos en universos fantásticos.

El día que Ilsa y Hannelore se conocieron en el jardín de infancia, decidieron huir. Llegaron hasta la heladería de la acera de enfrente. A la semana siguiente, huyeron hasta la plaza central. Hasta que consiguieron dar la vuelta al mundo huyendo un poquito todos los lunes de la mano.

A LAS AFUERAS DE VLKOLÍNEC, ESLOVAQUIA, EXISTÍAN UNAS ESCALERAS que conducían a una puerta metálica gigante, desde la que uno podía escuchar su propia voz y la de sus familiares al otro lado. Gritos, lamentos y acusaciones que a lo mejor se pensaron, pero jamás se pronunciaron.

CARISMA LOVATO Y PERSUASIÓN LIMONE se conocieron en la sala de espera de un médico rural que las atendió a la vez porque sus síntomas eran muy parecidos y muy poco conocidos para él: vértigo existencial cuando miraban el horizonte y astigmatismo severo al echar la vista atrás.

Norberto K. estaba convencido de que una de las obras de Marie Louise Élisabeth Vigée Lebrun, la pintora francesa más famosa del siglo XVIII, realmente era un retrato de su tatarabuela con su bisabuela. Y cada tarde entraba en el museo con su carné de jubilado, a tramar cómo robar el cuadro.

EL PRIMER LUNES DE MARZO DE 1961, toda la población de Higginson, Arkansas, decidió llamar por teléfono a primera hora de la mañana al trabajo para avisar de que se sentía indispuesta. Nadie contestó.

A Larissa Kuznetsova su padre le construyó un co-
lumpio del que solo al caer la noche se conseguía
bajar. El sonido chirriante y rítmico de la madera y el
vaivén la tranquilizaban y le ayudaban a ordenar su
cabeza, alejándola del ruido y de aquel dolor que era
incapaz de localizar.

Angustias Vidal era la alegría de la huerta. Desde que nació, padecía de un buen humor tan contagioso, que los médicos no se lo podían explicar. Solo sabían que, cuando tenían que dar una mala noticia a la familia de algún moribundo tras haber visitado a la niña, sonreían sin parar.

Síncope York, harta de las convenciones sociales, los cuerpos normativos y los corsés mentales, decidió discutir solo consigo misma, puesto que la opinión de los demás ya no le importaba nada, y comenzó a impartirse a sí misma clases de vuelo ligero sobre debates infructuosos.

GRETA LA BONNE NO SALÍA DE SU ASOMBRO ante la capacidad de su perra Mae de adivinarle el pensamiento. Y es que, si pensaba en comer, su perra corría a la cocina. Si leía filosofía, se subía al alféizar de la ventana, y si pensaba en política, levantaba la pata izquierda y entonces discutían.

Mara Poe se enamoró de un hombre que vio a través del cristal. Se imaginó invitándole a cenar, pasando la noche con él, amaneciendo juntos una y otra vez. Pero pronto empezó a notar que no le dejaba el mismo espacio que antes, que cada vez le pedía más explicaciones. Y se empezó a hartar. Pero no sabía cómo decírselo. Hasta que un día ya no pudo más y decidió que aquello ya era historia. Así que se marchó dando un portazo.

Para combatir el tedio y la soledad, cada mañana, Mirta Moulin dictaba al *Chicago Daily News* su propia esquela, con una convocatoria para asistir a su funeral. Este se celebraba todas las tardes en la playa del lago Michigan, sin código de vestimenta, pero se rogaba puntualidad. Aunque ella nunca acudía.

EN CUANTO TUVO A SU HIJA GRECIA, ANTONIA Remota decidió que le iba a enseñar a hacer todo lo que a ella no le habían dejado hacer. Así que se elaboró una lista: nadar, pintar, silbar, conducir, bailar, decir que no, defenderse, trabajar, y soñar con enseñarle todo aquello a su bebé cuando fuera madre.

Tal día como hoy en 1963, John Weick cumplía treinta años sin dirigirle la palabra a nadie. Por este motivo, todos sospechaban de él y si se buscaba al culpable de algo en el vecindario, le señalaban. Pero a él le daba lo mismo. Él seguía saludando cada mañana a todos los perros y gatos del barrio.

Agneta Anagnostopoulos se pasaba las horas fantaseando sobre la mejor forma de envenenar a los dueños de la fábrica en la que trabajaba, quienes a su vez envenenaban a la población con aquel líquido que vendían como un licor de hierbas repleto de promesas que jamás se cumplían.

SIMONE CROOP SINTIÓ QUE NO PODÍA MÁS con todo lo que se le había venido encima de pronto. En cuestión de un minuto. Por una sola frase recibida a destiempo de un familiar que ella no lo sentía como tal, sobre un tema que pensaba que solo le pertenecía a ella.

TAL DÍA COMO HOY EN 1977, CAMOMILA DENCH inauguraba la rama de Cerrajería de la Escuela de Artes y Oficios de Düsseldorf, tras haberse criado escuchando a sus padres lamentarse porque les cerraban puertas.

Miranda y Edna jugaban a imaginarse en un futuro con profesiones inverosímiles: maestros de ceremonias en bautizos y comuniones de chalotes en alta mar, peluqueros de montes, hayedos o pinares de alta montaña, jardineros de corales... y el caso es que les resultaba más fácil soñar con aquello que con lo que se suponía que debían soñar.

LIMA MANDANGA NACIÓ EN UNA ESTACIÓN DE TREN ABANDONADA, fruto de una relación ya olvidada. Su padre era revisor y su madre viajante. Jamás los conoció. Así que se pasó media vida perdiendo trenes y la otra media, subiéndose a vagones que no la llevaban a ninguna parte.

HARTA DE CONSEJOS ABSURDOS DE GURÚS MILLONARIOS Y CITAS VACÍAS de señores muertos, Desolación Harper decidió empezar a hacer lo que le pedía el cuerpo en cada momento. Luego, cuando se agobiaba, abría su diario por una página al azar y así conseguía tomar perspectiva y, sobre todo, reírse de sí misma.

Las tormentas tienen algo de apocalíptico y de principio. De aquí llega el fin de mi pequeño mundo porque cuando amaine será otro. Mejor o peor, pero distinto. Las tormentas me dan miedo. Me colocan en mi sitio. Me recuerdan que soy pequeña y vulnerable. Por eso cuando hace sol las echo tanto de menos.

AGRADECIMIENTOS

Gracias a Belén Bermejo por creer en mí, ya que fue ella la primera persona que tuvo la idea de convertir mis relatos en un libro, me asesoró tan bien y me apoyó tanto. Ojalá estuvieras aquí. Y gracias a Viviana, mi editora, porque sin su paciencia, este libro no habría ocurrido.

ÍNDICE

Un cuerpo en construcción y una batidora

Estar destartalada y no encontrar tu hueco

La anciana señora Brown, nada más llegar